¡EN UNA AVENTURA PRINGOSA!

Un cuervo valiente e inteligente

AAAARGH

Ilustraciones y texto de Deborah Bradbury

Un cuervo valiente e inteligente ¡en una aventura Pringosa!

Copyright © 2025 por Deborah Bradbury
Público: niños de entre 6 y 11 años

ISBN: 978-1-0683564-1-4
www.deborahbradburybooks.com
@DBradburyBooks
Traducido por PANGEANIC - B.I. EUROPA S.L.

Todos los derechos reservados.
Queda prohibida la reproducción o utilización total o parcial de este libro por cualquier medio, ya sea electrónico o mecánico, incluida la realización de fotocopias o de grabaciones, o por cualquier sistema de almacenamiento y recuperación de información, sin la autorización por escrito de la autora.

Agradecimientos:

Quiero darle las gracias a mi increíble marido por haber estado a mi lado en cada paso de este proceso de creación de libros infantiles. Tus ideas y tus ánimos son de un valor incalculable.

Quiero darle las gracias de corazón a mi maravillosa editora, Carolina Herranz-Carr, por su perspicacia, dedicación y meticulosa atención a los detalles. Su orientación y saber hacer han sido vitales a la hora de materializar este libro. Te estoy muy agradecida por todo el tiempo y el esfuerzo que has dedicado a dar forma a este proyecto. Gracias por ayudarme a hacer que este libro sea lo mejor posible.

Mi más profundo agradecimiento a la Dra. Natalie Yates-Bolton por aportar sus conocimientos y verificar los datos científicos de estas páginas. Su apoyo y respaldo han añadido una credibilidad inestimable a este libro, y sus ánimos han significado mucho para mí. Gracias por contribuir a que este proyecto educativo sea tan preciso como inspirador.

Este libro pertence a:

¡Todos los niños curiosos que existen!

¡Para mi pequeño Einstein!
Kendrick x

Yummy yummy yummy, in my tummy!

Estimados educadores, padres y alumnos:

Espero que este libro sea un valioso complemento a vuestros recursos educativos y que ayude a que el aparato digestivo humano resulte más accesible y atractivo. Con el fin de garantizar la exactitud de los datos científicos, la Dra. Natalie Yates-Bolton, profesora titular de enfermería en una universidad de Reino Unido, ha revisado cuidadosamente este libro. Gracias a la Dra. Yates-Bolton, que cuenta con años de experiencia en el sistema sanitario, podemos garantizar que el contenido de esta historia sea fiable y didáctico.

¡No olvides consultar los datos curiosos y los recursos adicionales al final del libro!

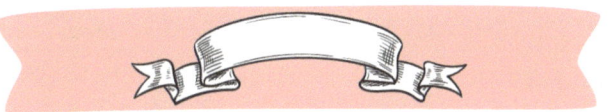

Junto al lago, cerca de un bosque,

vive un cuervo curioso e inteligente llamado Casper.

A Casper le encanta la ciencia, y hoy está estudiando

algo especial para su proyecto de la escuela de verano…

¡los misterios del cuerpo humano!

¿Qué sorprendentes descubrimientos hará Casper?

¡Sigue leyendo para descubrirlo!

¡Hola, Casper!

«¿Qué haces, Casper?», pregunta Cash con curiosidad.

«Estoy trabajando en mi proyecto de la escuela de ciencias de verano sobre el aparato digestivo», responde Casper lleno de entusiasmo.

«¿Sobre quééé?», grita Coco con cara confundida.

«¿De qué va eso? ¡No suena nada divertido! ¡Ven a jugar al fútbol conmigo!», grita Cash.

«Nooo, ¡me ENCANTA la ciencia! Me parece divertida y la mar de interesante», responde Casper y luego mira a Coco con curiosidad. «Coco, ¿qué llevas puesto?»

«¿Esto? ¡Es uno de mis nuevos diseños! Es un traje de seguridad superelegante, ¿te gusta?», presume Coco.

«¿Un traje de seguridad? ¿Y para qué sirve?», pregunta Casper intrigado.

«Bueno, ¡eso depende! El botón AZUL te permite flotar en el agua, el VERDE te da oxígeno cuando lo necesitas, el ROJO hace que encojas y el AMARILLO puede llevarte a cualquier parte», explica Coco señalando cada botón con entusiasmo.

«Es megarresistente, ¡lo he hecho para mantenerme a salvo en todo momento! Por eso lo llamo "mi traje de seguridad superelegante". Mirad, voy a pulsar el botón ROJO; ¡atentos a esto!», grita Coco mientras pulsa el botón rojo.

«¡Vaaaya! Es increíble, ¡cómo mola! ¿Tienes dos más?», exclama Casper emocionado.

«¡¡¡SIÍÍ!!! ¡ESTÁN EN MI MOCHILA!», responde Coco entusiasmada.

«Cash, ¡tengo una idea! ¿Te apetecería vivir una divertida aventura conmigo y con Coco?», pregunta Casper con las plumas revoloteando de emoción.

«¡Pues claro! ¿ADÓNDE VAMOS?», responde Cash batiendo las alas.

«¡Vamos! Pongámonos primero los trajes de seguridad y luego os cuento», sugiere Casper algo impaciente.

«¡Guaaau! ¿Dónde ESTAMOS?», pregunta Coco.

«¡Vaaaya! Parece que estamos en la boca, la puerta de entrada al aparato digestivo», responde Casper.

«¿Qué es el aparato digestivo?», pregunta Coco.

«Pues verás, el aparato digestivo se encarga de recibir los alimentos que comemos y los descompone para que nos den energía más tarde», explica Casper.

«¡HALA, qué guay!», dice Coco llena de asombro.

«¡Sí que lo es! Aquí es donde empieza todo: en la boca. Mirad, estos MOLARES mastican y trituran la comida en trozos pequeños para que pueda tragarse», continúa Casper.

«¡Espera un momento!», grita Cash. «¿Quieres decir que la digestión empieza AQUÍ, en la boca?»

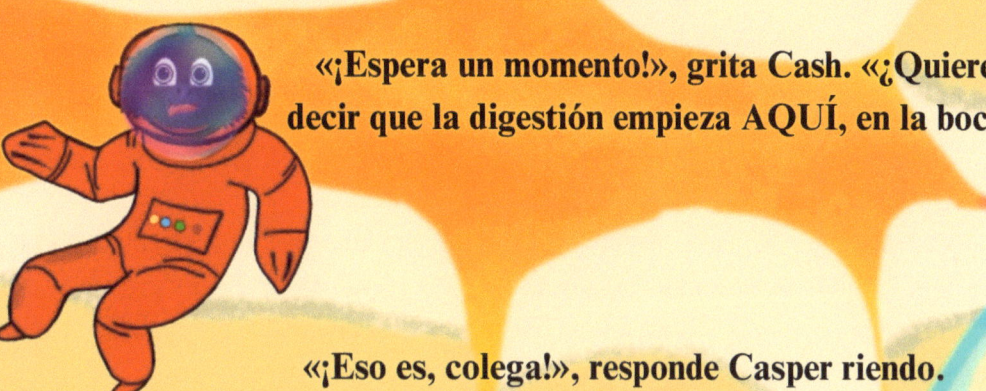

«¡Eso es, colega!», responde Casper riendo.

«¡Puaj! ¿Qué es esta cosa PRINGOSA?», se queja Coco mientras sacude la mano.

«¡Oh, eso! Se llama SALIVA. En el momento en que muerdes un trozo de comida, comienza la digestión. Cuando masticamos los alimentos, las *glándulas salivales* producen esa sustancia viscosa que tienes en la mano: la saliva. Tiene enzimas que ayudan a descomponer los alimentos en trozos más pequeños y a iniciar el proceso digestivo lo antes posible. La saliva también ablanda los alimentos, lo que nos ayuda a tragarlos. ¡Si no, nos ahogaríamos, amigos!» explica Casper.

«¡Oh, no! ¿Y a nosotros también va a hacernos cachitos?», pregunta Cash preocupado.

«¡No, colega! Por eso necesitamos llevar estos trajes de seguridad superelegantes, ¡para protegernos de la saliva o los ácidos! Gracias a Coco, por supuesto», responde Casper.

«¡Eh, chicos! ¿Habéis sentido eso? ¡Algo se está MOVIENDO!», grita Coco.

«¡Oh, eso! Sí, es la lengua, que nos está empujando hacia la parte posterior de la boca y la garganta. AGARRAOS FUERTE, COLEGAS, Y PREPARAOS. ¡ESTAMOS A PUNTO DE SALTAR AL VACÍO!», advierte Casper.

EL APARATO DIGESTIVO

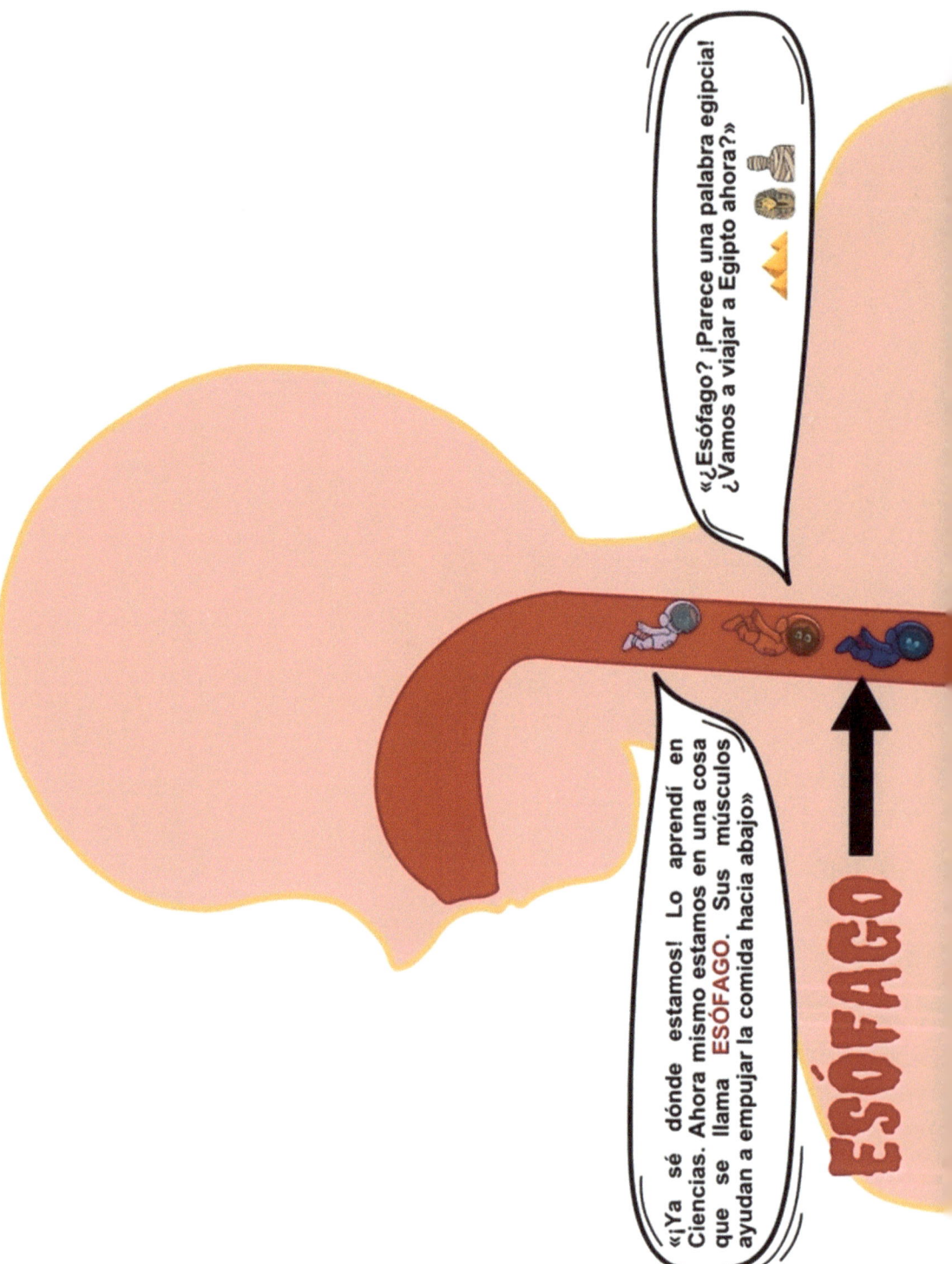

«¿Esófago? ¡Parece una palabra egipcia! ¿Vamos a viajar a Egipto ahora?»

«¡Ya sé dónde estamos! Lo aprendí en Ciencias. Ahora mismo estamos en una cosa que se llama ESÓFAGO. Sus músculos ayudan a empujar la comida hacia abajo»

ESÓFAGO

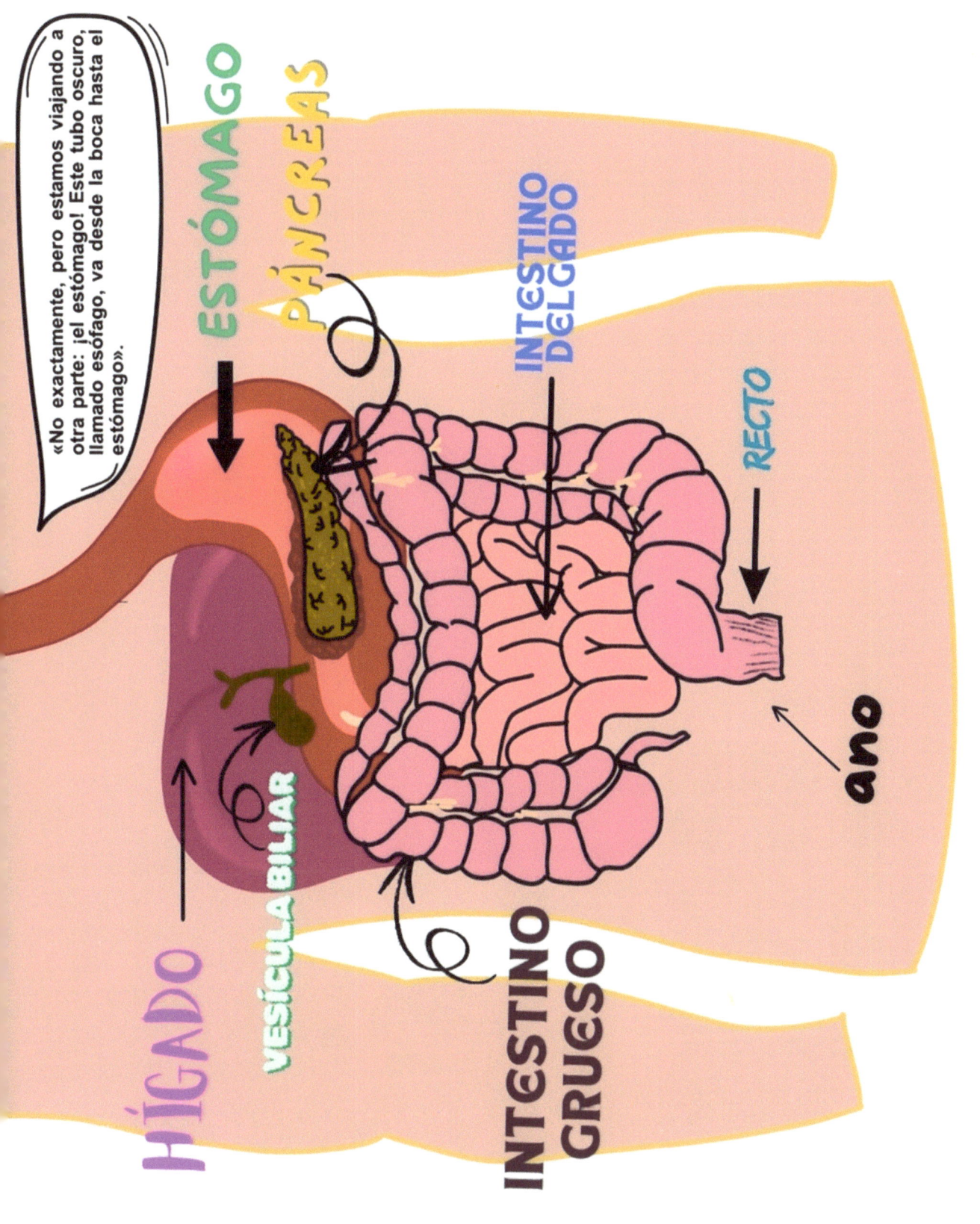

«¡Eh, mirad! Aquí hay comida… ¡puaj!», se queja Coco. «¿Qué es todo este líquido?»

«El líquido en el que estamos nadando está lleno de jugos gástricos. Ayudan a descomponer la comida en trozos aún más pequeños», explica Casper mientras sumerge la mano en el líquido.

«¿Jugos gástricos? ¿Te refieres a lo que hay en las naranjas, las manzanas y las peras?», pregunta Cash, sintiéndose un poco mareado.

«No exactamente, colega, pero no vas desencaminado del todo. Estos jugos gástricos proceden del estómago. El estómago produce un ácido fuerte que contiene sustancias químicas especiales llamadas enzimas. Con ayuda de estos jugos, los músculos del estómago revuelven y mezclan los alimentos para partirlos en trozos mucho más pequeños. ¡Los hacen papilla!», aclara Casper.

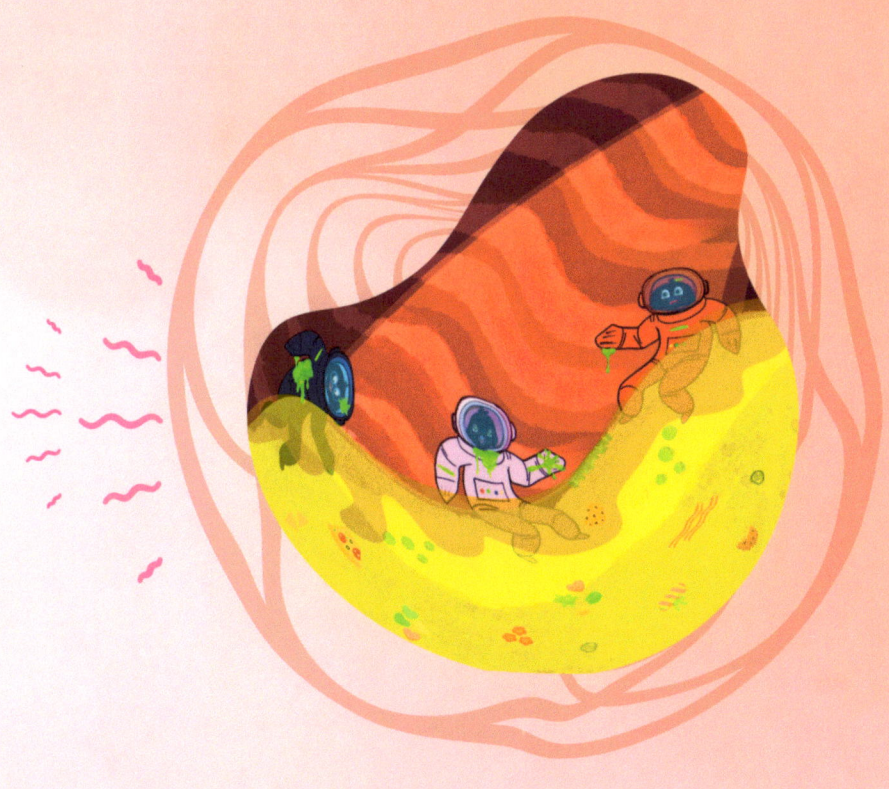

«Parece que estemos en una batidora gigante... todo esto es muy PASTOSO...

¡¡Me estoy mareandooo!!

¡¡¡Aaarrrggg!!! ¿Cuándo va a parar? ¿Adónde vamos ahora?», grita Coco.

«¡Agarraos fuerte, colegas! ¡Ahora vamos al intestino delgado!», grita Casper.

«¡OSTRAS! ¿Quieres decir que hay uno más gordo? ¿Qué es este sitio?» vocifera Cash.

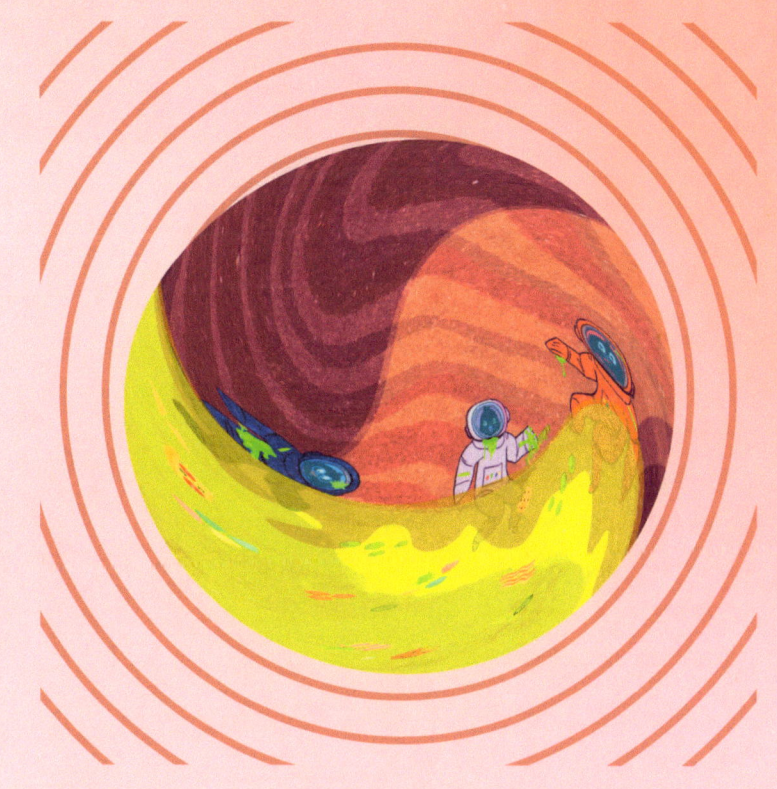

«Esta es la primera parte del intestino delgado, el duodeno . Aquí es donde va a parar la comida licuada. Por aquí hay más jugos digestivos, ¡como la bilis! Se produce en el hígado y se guarda en la vesícula biliar hasta que se necesita. ¿A que es una pasada?», exclama Casper entusiasmado.

«Pero… ¿qué hace exactamente? Ahora mismo solo estamos nadando en este líquido», pregunta Cash algo desconcertado.

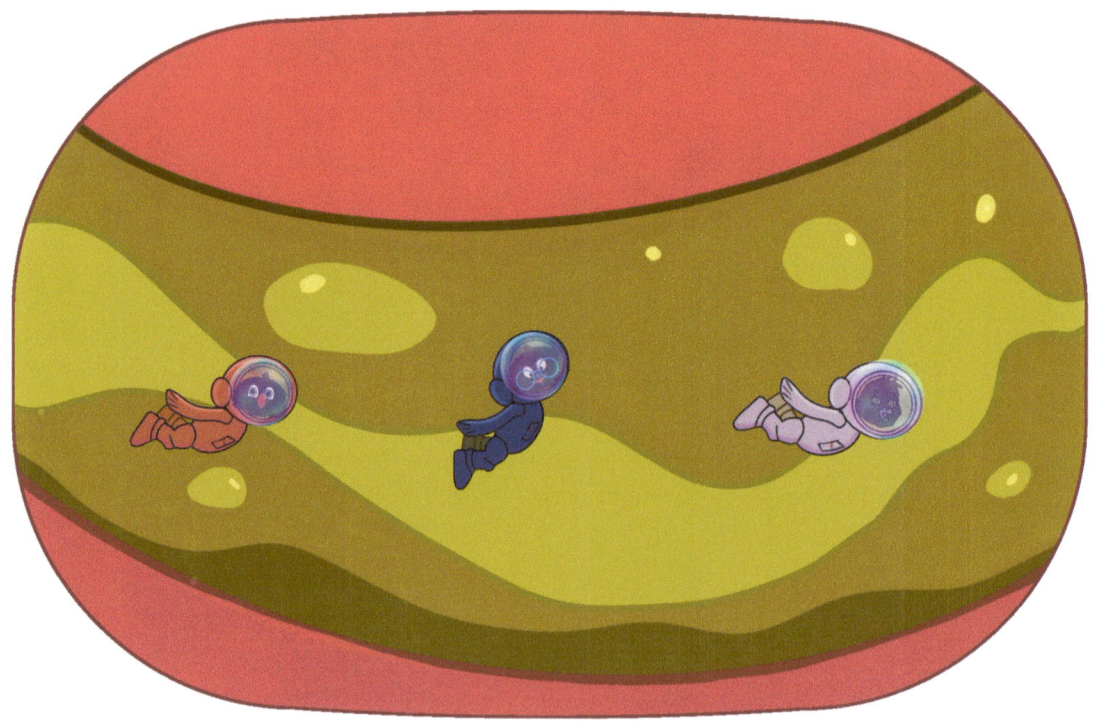

«¡Muy buena pregunta, colega! Aquí es donde empieza lo interesante. La bilis, junto con las enzimas del páncreas, descompone las proteínas, las grasas y los hidratos de carbono. ¡Aquí es donde el cuerpo absorbe las vitaminas, los minerales y otros nutrientes de los alimentos!», explica Casper.

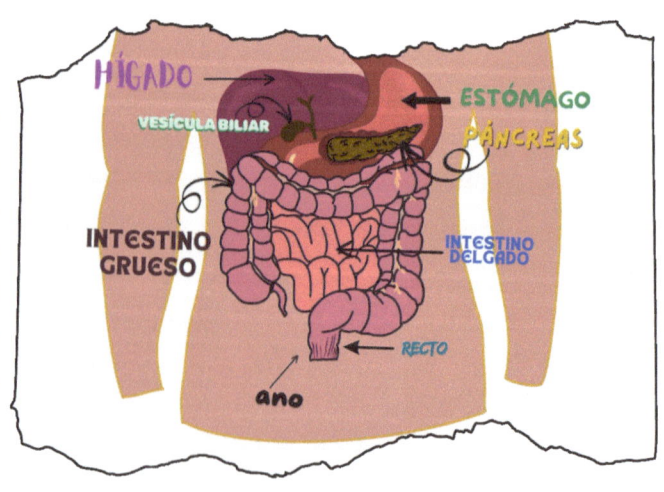

«¡Increíííble! ¡Nuestros cuerpos son superinteligentes! ¡Y yo que pensaba que tú eras el único listo aquí, Casper!», bromea Cash.

"«¡Gracias, colega!» exclama Casper muy pagado y con una gran sonrisa dibujada en su cara.

«¡Oh no! ¿Qué es ese ruido?», pregunta Cash.

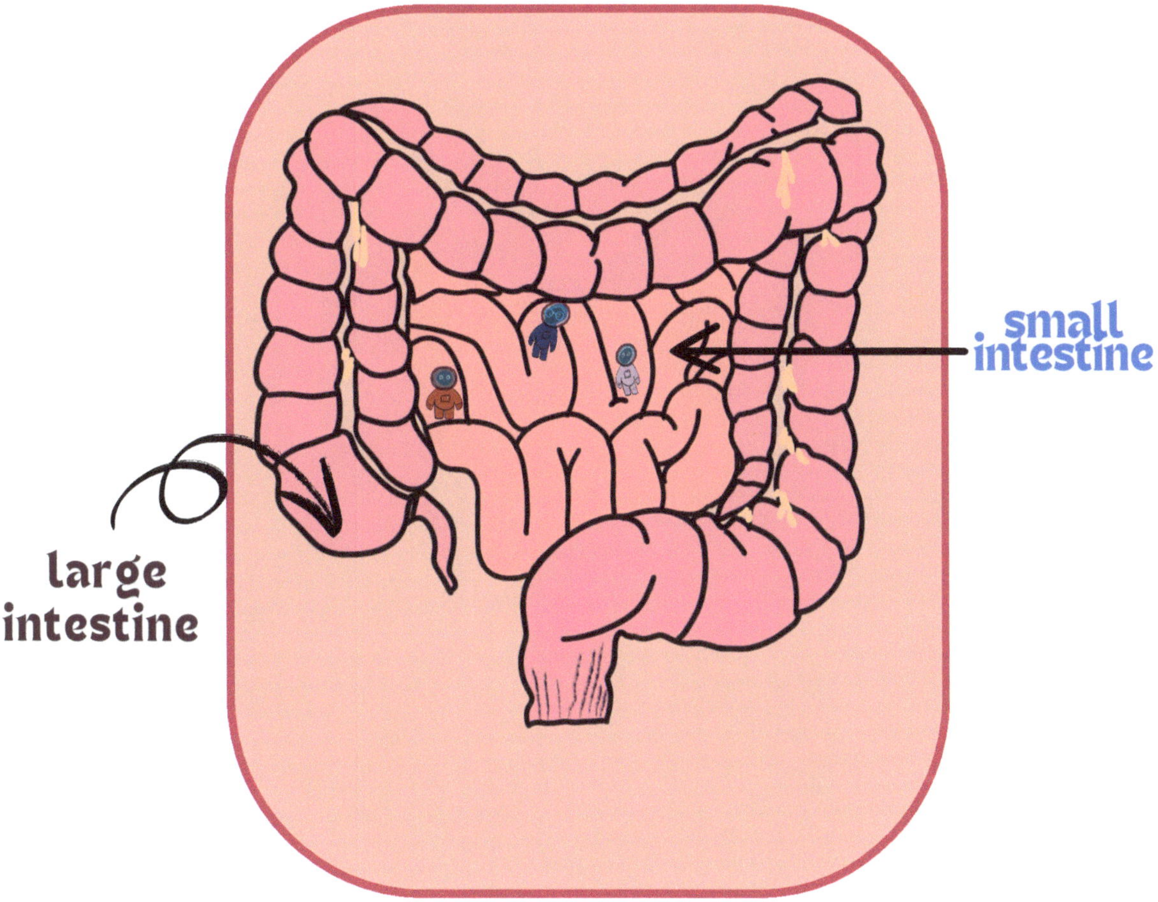

small intestine

large intestine

«¡Ay, madre! ¿Y ahora adónde vamos? Creía que ya habíamos llegado al final de nuestro viaje», grita Coco cuando se da cuenta de que vuelven a moverse.

«Ya queda poco. ¡Hemos llegado al intestino grueso!», grita Casper.

«¡Vaaaya! ¡Aquí hay un montón de ESPACIO! Pero se está poniendo bastante oscuro… ¿Qué pasa en este lugar?», pregunta Coco llena de curiosidad.

«¡Aquí es donde se absorben toda el agua y las sales!», explica Casper.

«Cielos, Casper… ¡Ya basta! ¡Aquí hay mucho ruido! ¿Y ahora qué queda? ¿Hemos llegado al final?», se queja Cash.

¡Perdón, colega! ¡Lo siento!» se disculpa Casper. «Sí, ya casi hemos llegado. Nos acercamos al final del proceso digestivo. Todo lo que no se absorbe aquí se considera residuo».

«Quieres decir… ¿ CACA , POPÓ , AGUAS MAYORES? ?», se ríe Cash entre dientes.

«¡Correcto! Como prefieras llamarlo, colega. Básicamente, el cuerpo se deshace de lo que no necesita», asiente Casper.

«¡Puaj! No me gusta cómo suena eso. ¡Vaya! Parece que volvemos a movernos… Espero que no vayamos a donde creo que vamos», exclama Coco.

«¡Arriba esos brazos, coleguis! Como si fuerais a sumergiros. ¡Así os costará menos salir!», grita Casper mientras se prepara para la salida.

« ¡¡¡OH, NOOO!!! », gritan Coco y Cash al unísono.

RECURSOS DIDÁCTICOS

Este libro pretende ser un recurso atractivo e inestimable para padres, profesores y alumnos que estén aprendiendo cómo funciona el aparato digestivo como parte de su plan de estudios de ciencias. Con explicaciones claras, ilustraciones vibrantes y un enfoque interactivo, constituye una herramienta fantástica tanto para el aprendizaje en el aula como en casa. Como profesora de primaria y coordinadora de ciencias con experiencia, he elaborado este libro para que los conceptos complejos resulten accesibles y amenos, impulsada por mi pasión por enseñar las maravillas de la ciencia a los jóvenes estudiantes.

DATOS CIENTÍFICOS

La producción de saliva nunca se detiene: la boca produce entre 1 y 2 litros de saliva al día. La saliva mantiene la boca húmeda y ayuda a iniciar el proceso digestivo.

Tu estómago es una batidora llena de músculos: el estómago es muy fuerte y puede aplastar y triturar los alimentos (como si fuera una batidora) hasta convertirlos en un líquido espeso llamado «quimo».

El intestino delgado es muy largo: mide unos 7 metros de largo, ¡mucho más que tú!

Tu intestino contiene bacterias beneficiosas: el intestino grueso alberga muchas bacterias que resultan de utilidad para facilitar la digestión y ayudar a descomponer los restos de comida.

La digestión de los alimentos tarda horas: de principio a fin, la digestión puede durar entre 24 y 72 horas, dependiendo de lo que hayas comido. Cada alimento tarda un tiempo distinto en descomponerse.

El aparato digestivo tiene su propio sistema nervioso: se denomina «eje intestino-cerebro» y ayuda a controlar el movimiento y la mezcla de los alimentos en el estómago y los intestinos.

Estos datos demuestran lo increíble y complejo que es nuestro aparato digestivo. Es como un equipo de órganos que trabajan juntos para alimentar nuestro cuerpo cada día.

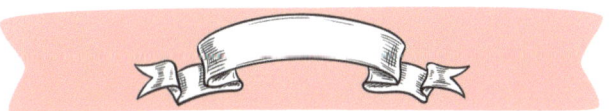

EL APARATO DIGESTIVO

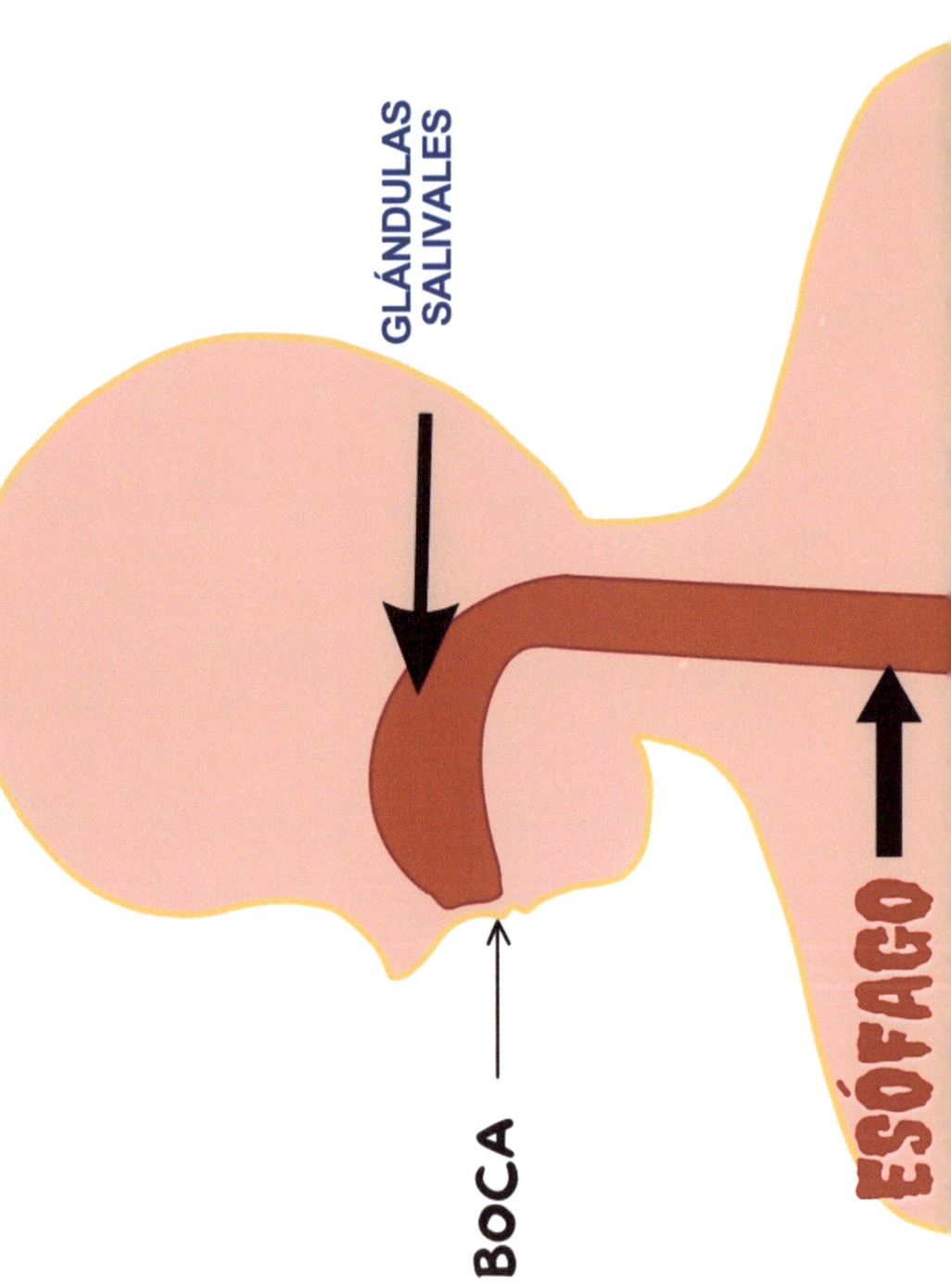

GLÁNDULAS SALIVALES

BOCA

ESÓFAGO

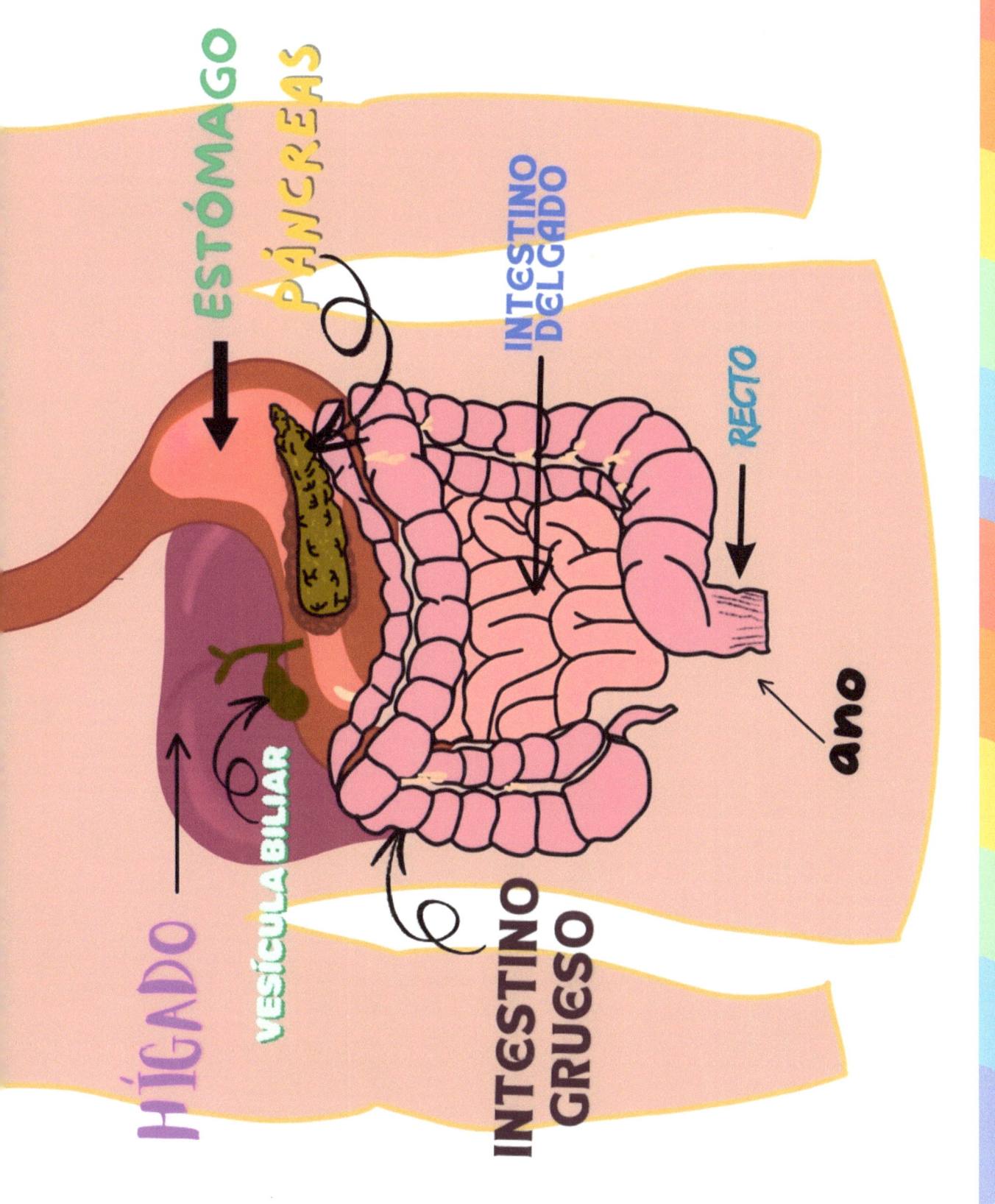

BOCA: LOS DIENTES

Los **incisivos** son los dientes *planos* y *afilados* de la parte delantera de la boca, y son perfectos para *cortar* o *morder* los alimentos. Los humanos tienen cuatro incisivos en la parte superior y cuatro en la inferior.

Los **molares** son los dientes *grandes* y *planos* de la parte posterior de la boca, y se utilizan para *triturar* y *masticar* los alimentos. Ayudan a descomponer la comida en trozos más pequeños y manejables que resulten más fáciles de tragar y digerir.

Los **caninos** son los dientes puntiagudos situados junto a los incisivos, y están diseñados para desgarrar y sujetar los alimentos. Los humanos tienen cuatro caninos: dos arriba y dos abajo. Su forma puntiaguda les permite atravesar los alimentos y desgarrarlos, lo que facilita que los molares puedan triturarlos para su digestión.

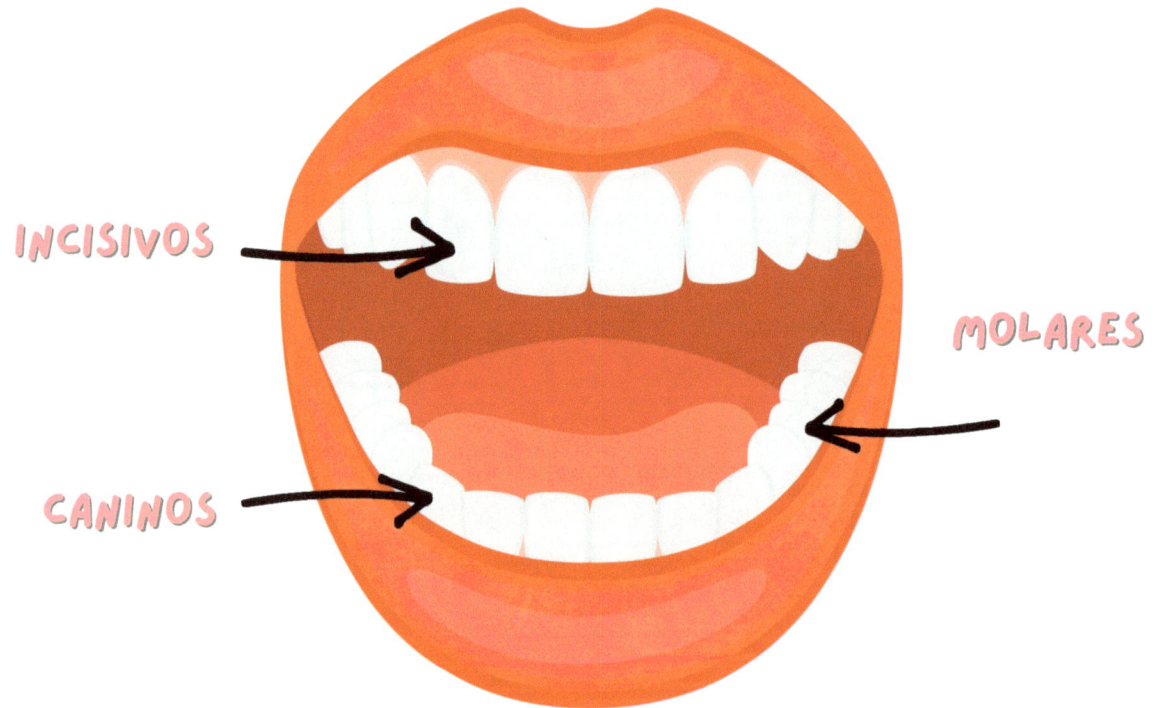

Los adultos tienen 32 dientes:
8 incisivos (4 arriba y 4 abajo)
4 caninos (2 arriba y 2 abajo)
8 premolares (4 arriba y 4 abajo)
12 molares (6 arriba y 6 abajo), incluyendo las 4 muelas del juicio de la parte posterior.

Los niños tienen 20 dientes temporales, también conocidos como «dientes de leche».
Entre estos se incluyen:
8 incisivos (4 arriba y 4 abajo)
4 caninos (2 arriba y 2 abajo)
8 molares (4 arriba y 4 abajo)

BOCA

El proceso digestivo comienza en la boca al masticar la comida. Las glándulas salivales producen saliva, un jugo digestivo que humedece los alimentos para que se desplacen más fácilmente por el esófago hasta el estómago. También contienen un ingrediente especial llamado «enzimas» que empieza a descomponer las partes amiláceas de los alimentos.

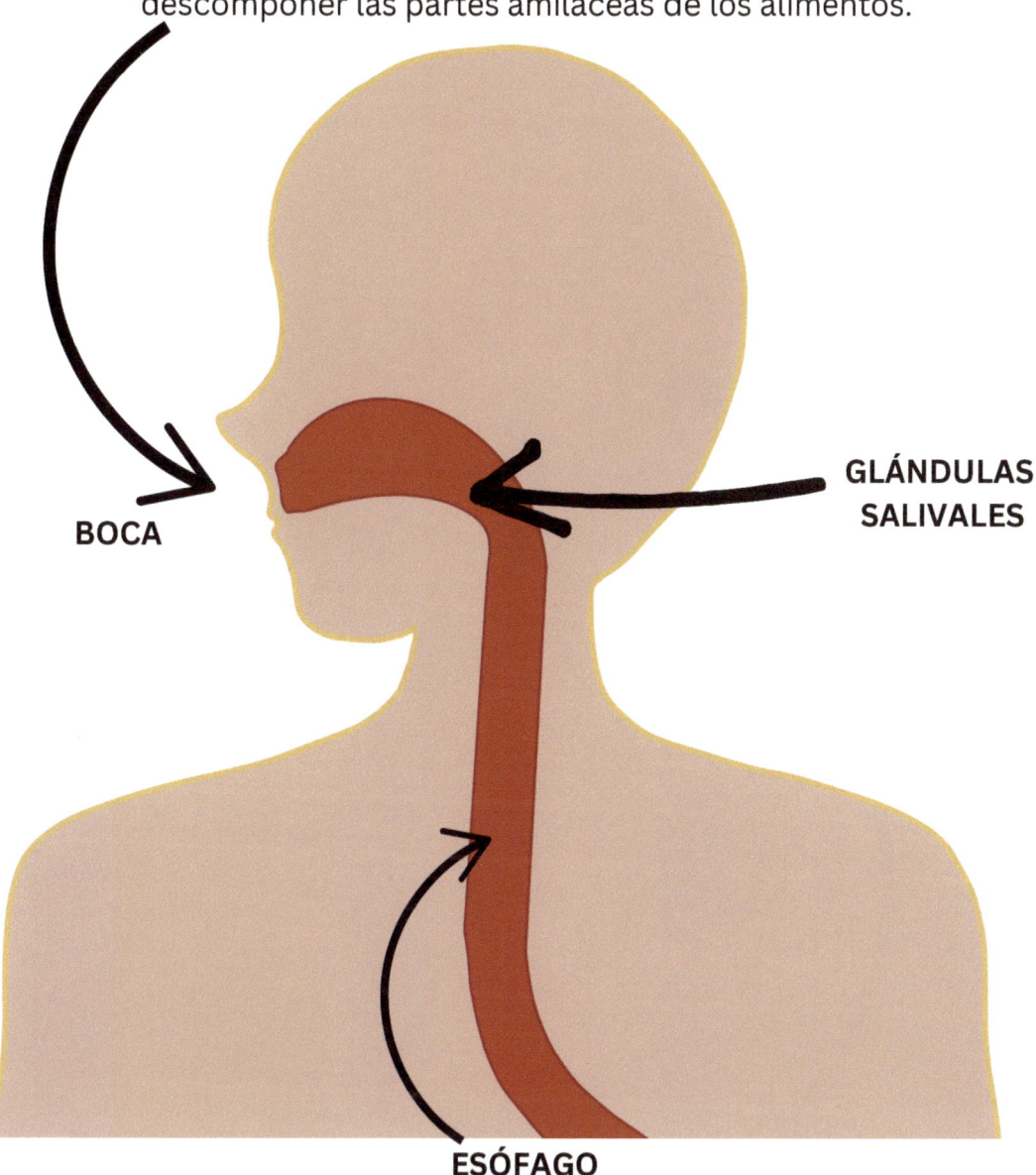

BOCA

GLÁNDULAS SALIVALES

ESÓFAGO

El esófago es un tubo muscular elástico. Conecta la boca con el estómago. Al masticar los alimentos y tragarlos, las paredes del esófago se contraen. Esto hace que los alimentos se desplacen por el esófago hasta llegar al estómago. ¡La comida puede tardar casi 7 segundos en llegar de la garganta al estómago!

Hígado y vesícula biliar
La bilis se produce en el hígado y se almacena en la vesícula biliar hasta que se necesita.

Páncreas
ELas enzimas del páncreas descomponen las proteínas, las grasas y los hidratos de carbono.

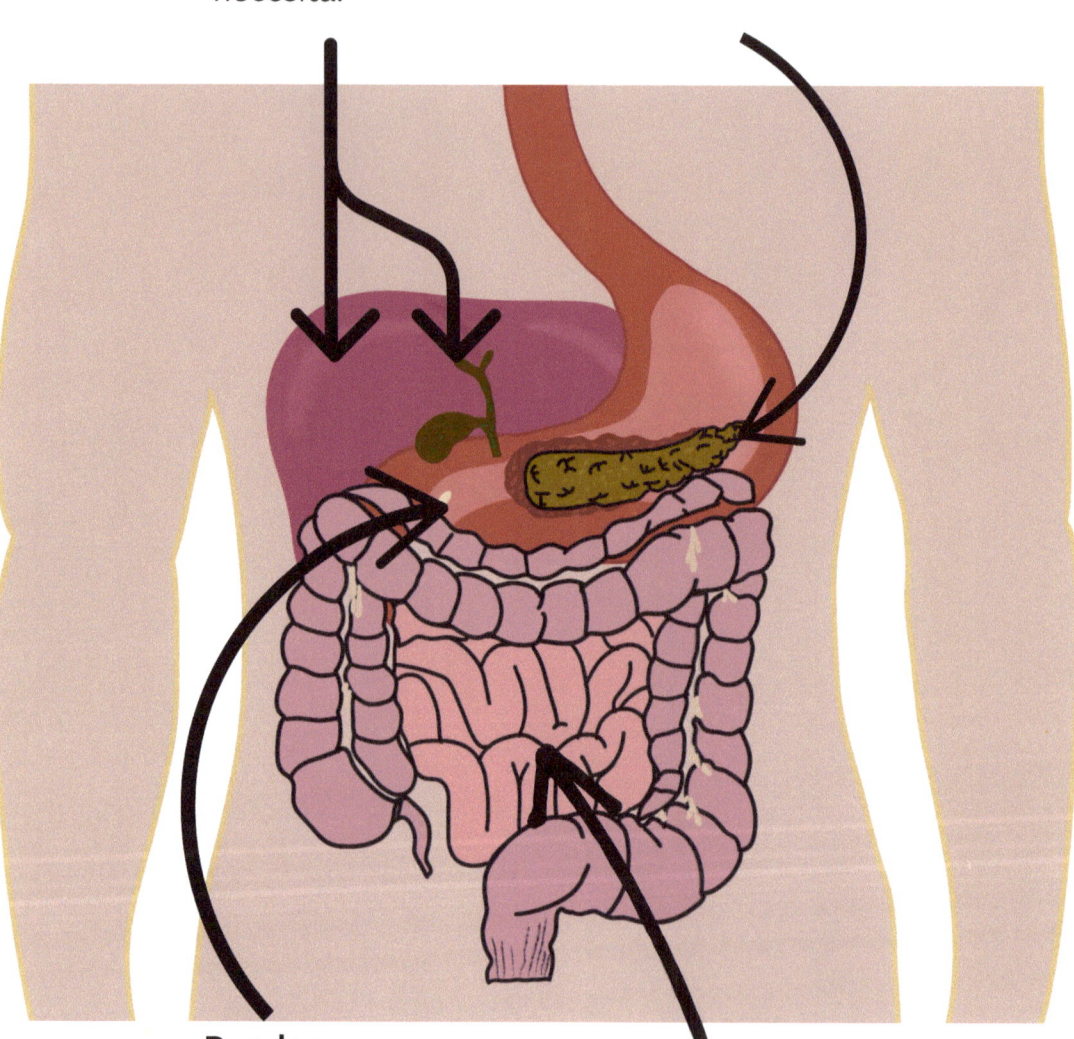

Duodeno
El duodeno es la primera parte del intestino delgado; aquí los alimentos se mezclan con jugos especiales procedentes del páncreas y del hígado. ¡De esta forma, se descomponen para que nuestro cuerpo pueda utilizarlos!

Intestino delgado
Aquí es donde el cuerpo absorbe todos los nutrientes de los alimentos.

Intestino grueso

El intestino grueso, también llamado «colon», conecta el intestino delgado con el final del aparato digestivo. Mide unos 1,5 metros de largo. Aunque es más corto que el intestino delgado, es más ancho que este.

En el intestino grueso se absorbe el agua y los residuos que sobran se convierten en caca, que se almacena hasta que llega la hora de ir al baño.

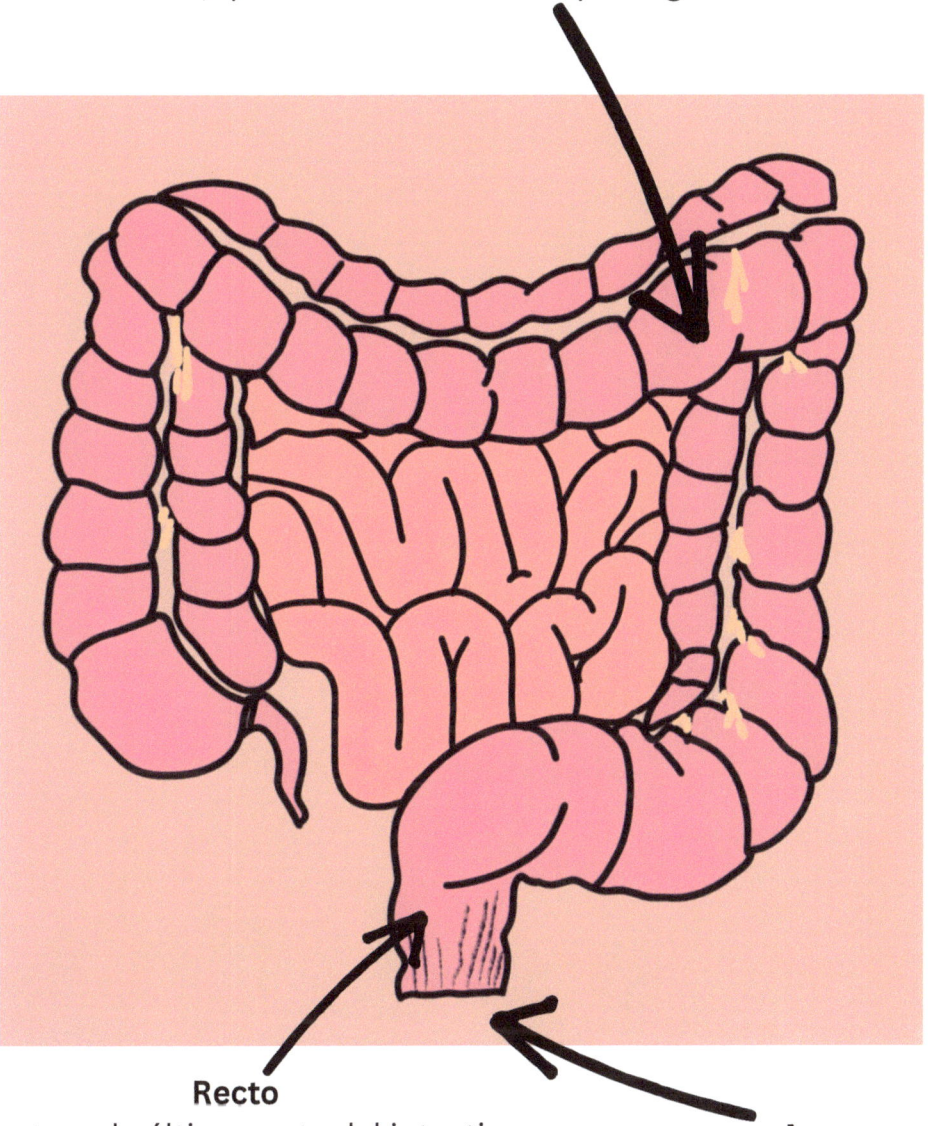

Recto
El recto es la última parte del intestino grueso. Retiene la caca hasta el momento de ir al baño. Mide unos 12-15 cm de largo y funciona como zona de almacenamiento hasta que esta sale del cuerpo.

Ano
El ano es el orificio que nos permite expulsar la caca del cuerpo. Es el agujero que hay en tu trasero.

ACERCA DE LA AUTORA

La galardonada autora Deborah Bradbury cuenta con más de quince años de experiencia como profesora de primaria. También es madre de cuatro hijos, algo que le llena de orgullo. Su profundo amor por los niños y la educación le inspiró a escribir historias que no solo fueran educativas, sino también divertidas y cautivadoras para los jóvenes lectores y sus familias. Como apasionada defensora de la lectura, Deborah está comprometida con la idea de fomentar en los niños un amor por los libros que dure toda la vida.

Nacida en Mánchester (Reino Unido), Deborah vive ahora junto a un pintoresco lago en el norte de España, muy cerca de un bosque al que suelen acudir unos simpáticos cuervos. Disfruta de la vida en Cantabria junto a su marido, sus gatos y su juguetón perro Spike. El entorno en el que vive le sirve de inspiración para muchas de las ilustraciones de sus libros. Deborah habla dos idiomas y, en su tiempo libre, le gusta montar en bicicleta y jugar al squash.

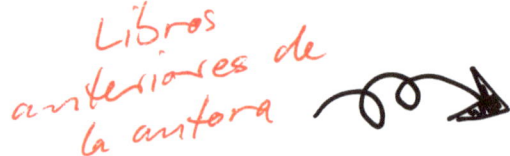

Libros anteriores de la autora

¡Colecciona ahora los libros ilustrados del cuervo valiente e inteligente!

linktr.ee/deborahbradburybooks

https://www.deborahbradburybooks.com   @bradbury_books   @DBradburyBooks

www.ingramcontent.com/pod-product-compliance
Lightning Source LLC
Chambersburg PA
CBHW041443010526
44119CB00042B/490